Felicitas Vogt

Von der Verwundbarkeit der Seele

Am Thor

Umschlagillustration:

Pablo Picasso, Akt mit verschränkten Beinen, 1905

ISBN 3-934104-05-3

1.Auflage 2000

Druck und Verarbeitung:
Grafik + Druck, München

Felicitas Vogt

Von der Verwundbarkeit der Seele

Inhalt

Einleitung
7

Verwundbarkeit der Jugendseele
9

Entwurzelung als Verwundung
16

Individuelle Bedingungen
27

Die Bedeutung der Verwundung
für den Lebensalltag
36

Anhang
Allianz für Kindheit
46

Einleitung

Sehr verehrte, liebe Anwesende,*

Ich hoffe von ganzem Herzen, daß es uns heute abend gelingen möge, Perspektiven zu entwickeln zu dem Thema „Verwundbarkeit der Seele", um danach mit neuen Kräften und neuem Mut die eigene Lebenssituation anzuschauen. Es geht bei diesem Thema auch darum, Wege aufzuzeigen, wie wir Kraft schöpfen können gerade auch aus einer Verwundbarkeit der Seele.

Vor kurzem wurde eine Untersuchung veröffentlicht, in der festgestellt wurde, daß über 85 Prozent der Bevölkerung mit einem gekränkten, verletzten Selbstbewußtsein leben. Man könnte auch sagen, über 85 % leben mit einer verwundeten Seele. Es gibt viele Formen des seelischen Wundseins, des Verwundetseins und es gibt viele Formen, anderen Menschen seelisch Wunden zuzufügen.

---

* Vortrag am 29. Februar 2000 im Konzerthaus Heidenheim.

„Ich verstehe gut, warum so viele junge Menschen nach dem Rauschgift greifen. Ich habe volles Verständnis dafür, seien Sie dessen versichert, daß sie den Vorhang zuziehen wollen vor dieser Welt, in der jeden Tag ganze Völkerschaften oder große Wälder hingemordet werden und in der die Verfolgungen nicht aus Raserei geschehen, sondern mit kalter Wissenschaftlichkeit. Und tatsächlich, wie kann man auch auf die Dauer diese Zivilisation ertragen, in der die Seele eingeschränkt wird, kanalisiert wird, etikettiert wird und beleidigt wird. Wie kann man auch Befriedigung finden an einer Gesellschaft, in der die Phantasie bald nur mehr zur Freizeitgestaltung gut sein wird und in der man immer alles nur wägen möchte, ja selbst das Glück, so wie man Zement oder Kunstdünger wiegt. Ich verstehe völlig, daß sie nur noch von einem Wunsch beseelt sind, und zwar dem, wegzugehen. Aber wenn sie weggehen, kommen sie auch irgendwo an? Man müsste es ihnen sagen, daß sie nicht ankommen werden! . . .

Jacques Lusseyran, Gegen die Verschmutzung des Ich

Verwundbarkeit der Jugendseele

Als Waldorfpädagogin und Suchtberaterin liegt mir das Thema Verwundbarkeit der Jugendseele besonders am Herzen. Lassen Sie mich berichten vom Aufschrei eines jungen Menschen, mit dem ich in der letzten Zeit viel zu tun hatte. Er ist inzwischen 18 Jahre alt und war, als ich ihm das erste Mal begegnete, etwas über 16 Jahre. Dieser Junge hatte ein großes Problem: Er sollte von der Schule gehen, weil man ihn beim Dealen erwischt hatte. Er hatte bisher ein Leben voller gesundheitlicher und familiärer Konflikte erlebt und diesen Umstand im Jugendalter sehr aggressiv zum Ausdruck gebracht. Dabei wurden seine Eltern immer verwundeter, hilfloser und kamen nicht mehr mit ihm zurecht. Und ebenso konnten genervte und verwundete Lehrer keinen wirklichen Zugang mehr zu ihm finden. Auch sie waren eigentlich nicht mehr in der Lage, diesen Jungen auch nur noch einen Tag zu unterrichten.

Er ist ein außerordentlich intelligenter Bursche, schnell, ein bißchen kaltschnäuzig, große „Klappe“ und unheimlich schnell im Erfassen von Beziehungen, Zusammenhängen, Hintergründen. So ein Junge, der Lehrern richtig das Fürchten beibringen kann. Dieser junge Mann gehört nun zu den vielen unentdeckten, hyperaktiven Kindern – wie mir seine ehemalige Kindergärtnerin berichtet hat. Er wird immer wieder diszipliniert und seine Aggressivität steigert sich. Er wird schließlich im sozialen Kontext der Klassengemeinschaft unerträglich und immer verschlossener. Mit 12 Jahren fängt er einen heftigen Haschischkonsum an. Seine Lehrer hat er inzwischen so geärgert und frustriert, daß es nur noch wenig braucht, um ihn von der Schule zu verweisen. Als der Verdacht entsteht, daß er dealt, muß man eine Entscheidung treffen. Das ist die Situation, in der ich diesen Schüler näher kennen lerne. Die Lehrer sind inzwischen verzweifelt und wissen sich keinen anderen Rat mehr als den, ihn von der Schule zu schicken. Dieser Schüler erfährt nun, in welcher Konferenz über ihn entschieden werden soll.

Wenn Sie sich das vorstellen, dieser Junge bekommt zufällig heraus, daß an einem bestimmten Donnerstagnachmittag über seinen Schulverbleib entschieden werden soll. Und was macht er? Er kommt, uneingeladen, selbstverständlich. Die Kollegen haben sich versammelt, sie wähnen sich in einem geschützten Raum und beraten über ihn. Um 16 Uhr klopft es. Die Tür geht auf, der Schüler ist da. Der Junge ist so verwundet, daß er weit über alle Grenzen geht. Er geht also in den Konferenzraum hinein, vierzig Kollegen sitzen da - in diesem Augenblick wahrscheinlich das erste Mal sprachlos. Der Klassenbetreuer springt auf, möchte ihn sofort wieder hinausbitten. Der Schüler läßt das nicht zu, sondern sagt: „Halten Sie mal die Luft an, keep cool! Ich möchte Ihnen einen Gedanken mitteilen: Egal, wie Sie heute entscheiden, ob Sie mich hier behalten oder nicht, ich möchte Ihnen nur eines mit auf den Weg geben: Sie brauchen mich!“ Darauf verläßt er unaufgefordert den Raum. Sie können sich vielleicht vorstellen, wie das im Kollegium aufgenommen wird. Ein Teil der Kollegen freut sich: „Grandios, es ist einfach großartig, daß wir an der Waldorfschule solch einen Schüler hervorbringen. Das ist genial - ein Jugendlicher mit 16 Jahren und solch einem Mut!“ Der andere Teil der Kollegen ist nicht so begeistert: „So, jetzt reicht's. Das ist das Ende! Das hat die Entscheidung vorweggenommen. Wir brauchen nicht mehr weiter zu sprechen.“ Die Kollegen, die sich über diesen Schüler als gelungenem Ergebnis der Waldorferziehung gefreut haben, sind natürlich diejenigen, die ihn nie unterrichtet haben. Die Kollegen, die verärgert sind über seine Dreistigkeit und Grenzüberschreitung, sind jene, die ihn schon Jahre unterrichtet und unter ihm gelitten haben.

Warum erzähle ich diese Geschichte? Ich habe mit diesem Jungen bis zum heutigen Tage Kontakt, auch mit der Familie und dem Kollegium. Es hat sich daraus eine Begegnung und Beratungssituation ergeben, an der ich viel gelernt habe zum Thema der Verwundbarkeit der Seele. Denn dieser Junge hat mir in den anschließenden Begegnungen auf unglaublich prägnante Weise seine Verwundung offenbart. Das ging nicht gleich, aber nach anfänglich zähen und schmerzhaften Begegnungen haben wir ein Vertrauen entwickeln können, das bis zum heutigen Tag andauert.

Wie dieser Junge seine Zeit und seine Situation in der heutigen Gesellschaft erlebt, möchte ich kurz skizzieren. Er klagt die Erwachsenenwelt an: „Ihr seid überhaupt nicht beziehungsfähig". Er erklärt, daß die Voraussetzung für eine Beziehungsfähigkeit die ist, sich gegenseitig wahrnehmen zu können. „Ihr nehmt uns doch gar nicht wahr, so wie wir wirklich sind!" Dieser verwundete Jugendliche sagt: „Ich passe einfach nicht in die Norm einer zehnten Klasse. Ich bin nicht einer von dreißig Zehntklässlern in meiner Klasse. Ich bin ein Ich, auch wenn ich noch nicht bin, der ich eigentlich bin". Vergegenwärtigen wir uns diese Aussage: „Ich bin ein Ich, auch wenn ich noch nicht der bin, der ich bin". So spricht heute ein Sechzehnjähriger. „Ich fühle mich in meinem individuellen Ich-Sein nicht wahrgenommen; nicht wahrgenommen als eine werdende Individualität, mit der Freiheit zu allen nur möglichen Fehlern". Und er sagt: „Ich bin in meiner Klasse einer von 80 Prozent in der Klasse, die kiffen, und zwar regelmäßig. Ihr habt das überhaupt nicht wahrgenommen, obgleich es schon mindestens seit zwei Jahren so geht.“ Seine Kritik setzt sich fort: „Ihr seid ja gar nicht kritikfähig. Sobald man euch kritisiert, sobald irgendeine Kritik, zugegebenermaßen nicht immer in der angemessen Form, geäußert wird, hört man nur Rechtfertigungstiraden ohne Ende. Gemeinsam etwas, was kritisiert wurde, anzuschauen und durchzusprechen, das habe ich mit den Erwachsenen meiner Umgebung noch nicht erlebt. Es wird nur verteidigt.“ Als letztes beklagt er sich: „Es ist wirklich so, daß ich einen riesigen Rucksack voller Lebensprobleme trage, die ich bis heute nicht im Griff habe. Aber wenn ich euch anschaue, seid ihr so was von erschöpft, so was von kaputt, da trau‘ ich mich einfach nicht, euch auch noch mein Problem zuzumuten. Ihr seid erschöpft, ausgebrannt, und es geht von euch keine Daseins- und Lebensfreude aus.“

Man kann die Klagen dieses Jugendlichen gar nicht oft genug hören und ernst genug nehmen. Denn dieser Junge steht repräsentativ für viele andere Jugendliche. Es geht nicht um eine Glorifizierung der Jugendlichen. Aber schauen wir an, was dieser Jugendliche kritisiert. Das betrifft uns alle.Er beschreibt den verwundeten Erwachsenen, der nicht beziehungsfähig ist, der nicht wahrnehmungsfähig ist, weil er verwundet ist. Er beschreibt den Erwachsenen, der nicht kritikfähig ist, weil er verwundet ist. Er beschreibt den Erwachsenen, der tief erschöpft und dadurch so verwundbar ist. Und er beschreibt den Erwachsenen, von dem, nach seiner Aussage, wenig Lebensfreude ausgeht. Dieser Schüler sagt von sich: „Wenn ich mich so anschaue, dann fällt mir nur ein Begriff ein: heimatlos. Das hier ist nicht meine Zeit. Entweder bin ich zu früh oder zu spät geboren, aber das ist nicht meine Zeit. Ich komme mit dieser Zeit nicht zurecht. Sie ist mir zu laut, zu schnell, zu hektisch; ich komme seelisch nicht mit. Ich mache zu.“ Und damit begründet er seinen Haschischkonsum. Er hat eine belastete Biographie. Dadurch, daß er von Kindheit an hyperaktiv und schlafgestört ist, fühlt er sich als Jugendlicher vollkommen kraftlos und den gegebenen Lebensverhältnissen nicht gewachsen. Für ihn schafft Haschisch eine Ruheinsel, die ihm Pause, Abstand, Ruhe und Distanz schafft zu seiner Umwelt mit ihren zahlreichen Konflikten. Haschisch gibt zudem das Gefühl einer gewissen Wärme in der Beziehung zu anderen Menschen. Er erlebt also Qualitäten, die er aus eigener Kraft, aus eigener seelischer Anstrengung nicht hervorbringen kann. Für ein solches Ausweichverhalten kann man durchaus Verständnis entwickeln. Eine Lösung des Problems kann dieses Weglaufen jedoch nicht sein, das wird dem Jungen selbst rasch bewußt. Nehmen wir die Verzweiflung und die vielfachen Verwundungen junger Menschen heute ernst und versuchen wir, an wesentliche Ursachen dafür heranzukommen.

Zu bunt

Mir träumte
daß ich geträumt hatte
und daß ich nach dem Erwachen
den Traum zu erzählen versuchte
Ich sagte: „Ich sah
Bäume und Kinder und Tiere
in allen Farben“

Mir träumte
daß man mich fragte:
„Farben? Was ist das?“

Mir träumte
daß ich sagte:
„Das weiß ich nicht mehr“

Erich Fried

Entwurzelung als Verwundung

Schauen wir uns heutige Lebenssituationen an, so sind sie oftmals gekennzeichnet durch eine Tendenz zur Entwurzelung. Es gibt Entwurzelungen auf den verschiedensten Lebensfeldern, die durch eine von uns aufgebaute ungeheure Distanz zum Leben verursacht sind. So haben wir uns von unserer physischen und seelischen Gesundheit stark entfernt. Wir haben es verlernt, mit unserem Leib so pfleglich umzugehen, daß er den Lebensanforderungen gesund gewachsen ist. Ein Bewußtsein für Nahrungsqualität und rhythmische Alltagsgestaltung nimmt immer stärker ab. Unser schneller, hektischer Lebensstil wird immer stärker von psychosomatischen Erscheinungen begleitet. Kopfschmerzen, Herzrasen, Herzrhythmusstörungen, Depressionen, Aggressivitäten sind seelische Antworten auf ein ungesundes physisches und seelisches Leben. Das wird oft mit „Befindlichkeitstabletten" ausgeglichen, damit man wieder fit ist und funktioniert. Wenn im November oder Dezember die dunkle Jahreszeit anbricht oder das Frühjahr allzu lang auf sich warten läßt, man die Dunkelheit nicht mehr erträgt und der aktive Zugang zu inneren Lichtquellen nicht mehr möglich ist, dann wird zu Antidepressiva und Stimmungsaufhellern gegriffen. Wie viele Befindlichkeitstabletten werden ganz schnell „eben mal“ genommen, unser Leib mit biochemischen Bomben attackiert, nur weil es einem seelisch nicht gut geht, weil wir nicht genügend schlafen, nicht genügend den Tagesrhythmus einhalten, keine Besinnungspausen machen und den Tag nicht ritualisieren. Das Problem ist damit aber nicht gelöst. Wir verlieren zunehmend den Kontakt zu unserer körperlichen Befindlichkeit und Gesundheit, aber auch zu den atmenden Lebensprozessen im Alltag.

Ganz besonders in der Kindheit kommen diese Entwurzelungen zum Tragen. So werden unsere Kinder heute viel zu viel und viel zu früh geimpft. Das ist keine generelle Absage an das Impfen, sondern eine Aufforderung, behutsamer mit dem Wegimpfen von Kinderkrankheiten umzugehen und die individuelle Verantwortung den Eltern des Kindes zu überlassen. Die Weltgesundheitsorganisation möchte die Kinderkrankheiten wegimpfen (siehe: „Impfen im Kindesalter“, Verein für Anthroposophisches Heilwesen). Es wird in der Zukunft darum gehen, Einsicht zu gewinnen in die Tatsache, daß Kinderkrankheiten wichtige Helfer sind, das eigene Immunsystem zu stärken, ein flexibles Abwehrsystem aufzubauen und den Leib intensiver zu ergreifen. Krankheiten sind nicht eine Betriebsstörung im System Mensch, sondern beinhalten immer auch Chancen zur Weiterentwicklung.

Ganz besonders trifft unsere Kinder die Tatsache, daß ihnen die Zeit buchstäblich weggefressen wird. Statt sie Zeitprozesse erfahren zu lassen im Jahreslauf der Natur und anderer Wirklichkeitserfahrungen, werden immer mehr Kinder abgespeist mit virtuellen Erlebnissen durch Computerspielzeug und andere Medien. So produzieren die Spielzeugfabriken vorwiegend virtuelles Spielzeug. Auf der Spielwarenmesse werden über 90 Prozent der angebotenen Spielzeuge als virtuelles Computerspielzeug für unsere Kleinstkinder und Kinder angeboten. Das hat Konsequenzen für ihre Leibbefindlichkeit. Denn statt herumzutoben, herumzuspringen, auf Baumhäuser zu klettern, am Flußufer, auf der Wiese zu spielen, barfuß den Erdboden zu erleben, Sinneserfahrungen, Wirklichkeitserfahrungen zu machen, werden die Kinder mit ihren Sinnen beschränkt auf ein Display von Quadratzentimeter-Größe. Ihre Eigenaktivität sowohl wie ihre Muskelaktivität werden dabei auf ein Minimum reduziert. Mangelndes Bewegungsangebot kommt einer Verwundung des Kindes im Physischen und im Seelischen gleich, denn damit wird kindliche Entwicklung verhindert. Zudem leiden immer mehr Kinder darunter, nicht genug Zeit für sich selbst zu haben und kaum Erwachsene zu finden, die sich wirklich Zeit für sie nehmen. Die zeitfressenden Apparate wie Computer (Internet) und Fernseher, die immer bestimmender werden im Schul- und Jugendalter, rauben nicht nur die letzte Freizeit, sondern werden zudem allerorts angepriesen als der zukünftige Ersatz für wirkliche Begegnung. Hinzu kommt, was der Sechzehnjährige zu Beginn beklagt: die seelische Erschöpfung, das Erschöpftsein der Erwachsenen, der Lehrer und ihre abnehmende Kritikfähigkeit. Tatsache ist, daß wir im Sozialen mehr Energie aufwenden für Konflikvermeidungen als für Konfliktbewältigungen, daß wir mehr Energie aufwenden, Konflikte nicht zu bearbeiten, sie auszugrenzen und auszublenden, indem wir den Fernsehapparat einschalten und Nichtkommunikation pflegen. Auch das ist eine Konfliktvermeidungsstrategie, die zahlreiche soziale Auswirkungen nach sich zieht. Wir haben einen Fernsehkonsum derzeit in Deutschland, der bedenklich ist mit über vier Stunden täglich bei Erwachsenen und über drei Stunden bei Kindern bis zu zehn Jahren (siehe: „fernsehtüchtig oder fernsehsüchtig?“, Verein für Anthroposophisches Heilwesen).

Eine der größten Verwundungen für uns Erwachsene findet heute durch den Verlust des Lebenssinns statt, der uns von unserem Lebensimpuls, von unserer Lebensaufgabe abschneidet.

Faßt man dies alles zusammen, entsteht der Eindruck, daß die leibliche und seelische Verwundung kaum noch größer werden kann. Es erstaunt daher nicht, daß wir Erwachsenen, aber auch die Jugendlichen und Kinder immer mehr versuchen, auszubrechen aus der Zwanghaftigkeit dieser Entwurzelungen, aus der Entwurzelung vom Leib, vom Zeiterleben, vom seelischen Erleben und von der eigenen Lebensaufgabe, von dem eigenen Lebenssinn. Diese Ausbrüche finden oft in Form von Aggressionen gegen sich selbst und gegen andere statt. Es gibt Kinder, die schlagen heute alles kurz und klein, kaum daß sie in die Schule kommen. Es gibt Kinder, die kaum noch eine Spielsituation mit anderen ertragen. Es gibt Jugendliche, die scheinen pure Lust an der Zerstörung zu haben. Es gibt Erwachsene, die kaum einen Konflikt so durchtragen können, daß die Konfliktsituation in Ruhe bearbeitet und aufgelöst werden kann. Und wie oft werden auch durchaus gebildete Menschen wortgewalttätig und wortaggressiv, weil sie eine Konfrontation, eine Spiegelung nicht aushalten. Die heute so stark verbreitete Kritiksucht ist nichts anderes als ein scheinbarer Schutzschild vor einer weiteren Verwundung.

Lassen Sie mich weitere Verwundungen aufzeigen. Wir sind heute gesamtgesellschaftlich gesehen von einer Mentalität geprägt, die Identität über das Produkt definiert. Das Motto „Haste was, dann biste was" ist für viele Realität. Diese Botschaft funktioniert immer subtiler, immer versteckter, immer besser. Das führt zu einer Verwundung der menschlichen Seele, für die ganz andere Gesetzmäßigkeiten gelten.

Die ureigene Geste der menschlichen Seele ist Aktivität, Eigenerfahrung und Entwicklung. Dauerberieselung und Passivierung der Eigenaktivität durch die Medien muß daher zur seelischen Verwundung führen. Ist als Folge davon nicht z. B. unsere Passivität und Lähmung angesichts bioethischer Fragen und menschenrechtsverletzender Aktivitäten zu sehen, unsere resignative Haltung: „Da kann ich eh nichts machen!“?

Wir sind heute an einer Schwelle angekommen, an der sich die zentrale Frage stellt nach der Freiheit des Menschen, nach seiner Selbstbestimmung und seiner Würde. Wie oft geben wir keine Antwort auf diese Frage, weil wir die schleichende Manipulation dieser kostbarsten menschlichen Werte nicht bemerken oder für voll nehmen.

So wundert es nicht, daß eine Bioethik-Konvention über uns hinwegrollt mit Bestimmungsrichtlinien, in denen nicht einwilligungsfähige Personen, wie altersdebile und behinderte Menschen sowie therapieresistente Drogensüchtige zu genmanipulativen Experimenten freigegeben werden sollen.

So wundert es nicht, daß ohne Rücksicht auf freie Selbstbestimmung ein Impfschutzgesetz erlassen wird, durch das unsere Kinder zwangsgeimpft werden können.

So wundert es nicht, daß ohne erheblichen Einspruch im Gesundheitswesen ausgerechnet die Bereiche beschnitten werden, die langfristig zu Gesundheitsförderung beitragen können: Gesundheitsprävention, Gesundheitsaufklärung, Sanatorien, gesprächsorientierte Patientenberatungen.

Da wir uns einem passiven Zustand der Sozialversorgung angepaßt haben, wird es noch lange dauern, bis sich der einzelne Bürger hier zur Wehr setzt.

Ein nächster Bereich der seelischen Verwundung liegt im Erziehungswesen. Es gibt ein lesenswertes Buch mit dem Titel „Die Würde des Schülers ist antastbar“ Ich kann jedem, der auf pädagogischem Felde tätig ist, dieses Buch empfehlen. Hier setzen sich verwundete Schüler zur Wehr. Ironie, Wortgewalt, seelische Qualen, die Lehrer ihren Schülern antun, das gehört heute zum Schulalltag. Ausgehend von der Annahme, daß Lehrer dies nicht mit Absicht tun, muß man sich fragen, ob hier nicht Kraftlosigkeit und Erschöpftheit vorliegt, die die völlig überlasteten und perspektivelosen Lehrer zu solchen unpädagogischen und lieblosen Mitteln greifen läßt – wobei es selbstverständlich auch das umgekehrte Phänomen gibt, daß Schüler ihren Lehrern aggressiv begegnen.

Es vergeht kaum eine Woche, in der nicht berichtet wird über das Burn-Out-Syndrom bei unseren Pädagogen. Das betrifft auch die Eltern. Es ist eine Kraftfrage, Kindern und Jugendlichen so die Grenzen zu setzen, daß sie sich einerseits wirklich behütet und beschützt fühlen und andererseits an den gesetzten Grenzen Verantwortung entwickeln können. Diese Grenzen müssen liebevoll gestaltet sein und das geht nur, wenn man Kraft hat.

Weiteres Kennzeichen unserer Zeit ist die zunehmende Sprachlosigkeit in unserer Gesellschaft; eine Sprachverarmung, die mit vielen Faktoren im Sozialen zusammenhängt, die ich gerade genannt habe. Barry Sanders hat in seinem Buch über den Sprachverlust in der heutigen Zeit (Der Verlust der Sprachkultur, Frankfurt/M.1995) eine treffsichere Kapitelüberschrift gewählt: „Die Pistole ist das Schreibgerät des Analphabeten“. Also da, wo die Sprache versagt, greift man zur physischen Gewalt.

Gewalt ist heute ein ungelöstes Problem. Wir wissen, daß die Tendenz steigend ist, daß nicht nur die Quantität, sondern auch die Qualität gewaltig zugenommen hat und Selbstkontrolle immer stärker verloren geht. Und das betrifft nicht nur die Jugend. Daß wir uns selbst immer weniger in der Gewalt haben und Gewalt nach außen setzen, erleben wir jeden Tag. Es ist eine Frage, wie weit dies damit zusammenhängt, daß wir unsere Gefühle, Gedanken und Empfindungen kaum noch sprachlich gepflegt und differenziert zum Ausdruck bringen und es auch unseren Kindern kaum noch vermitteln. Wir drohen, unsere Sprachfähigkeit zu verlieren. Ein sehr zu empfehlendes Heft in diesem Zusammenhang ist die Broschüre

„Kindheit verstummt" von R. Patzlaff (Intern. Vereinigung der Waldorfkindergärten). Ein weiteres Problem im Pädagogischen ist es, daß die Schulen heute immer mehr zur Selektionsstätte für Berufskarrieren werden. Auch hier haben Schüler sich heftig zu Wort gemeldet: „Lernen, wie ich ein sozialfähiger Mensch werde, kann ich nur in der Schule. Aber hier erwerbe ich eigentlich nur den Berechtigungsschein für eine Berufskarriere. Ich lerne hier gerade nicht, was ich nur hier lernen könnte: Sozialfähigkeit, Sozialkompetenz."

Nach all dem Geschilderten drängt sich die Frage auf, wie heute Lebensgestaltung, Lebensformen aussehen müssen, wie Lebensbegegnungen, soziale Gemeinschaften gestaltet sein müssen, daß nicht nur seelische Verwundungen erzeugt, sondern auch ihre Überwindungen möglich werden. Eine spannende Frage, auf die es keine schnelle Antworten gibt. Ich habe mich oft gefragt, ob es heute nicht geradezu notwendig ist, Verwundungen zu erleben. Liegt in ihnen vielleicht ein tieferer Sinn? Da, wo wir aufschreien, daß uns nicht Genüge getan wird; wo wir aufschreien, daß wir nicht genügend als Individualität beachtet werden; wo wir aufschreien, daß uns mit unserem eigenen Standpunkt nicht genügend Raum gegeben wird, wir nicht zu Wort kommen; wo wir als Ehepartner oder als Arbeitskollege nicht genügend beachtet und respektiert werden; überall da, wo diese kleinen und großen Wunden geschlagen werden, sind da nicht auch Möglichkeiten, aufzuwachen für mehr Menschlichkeit? Beginnen wir da nicht plötzlich zu verstehen, daß wir in Lebensverhältnissen leben, die so unwürdig sind, daß wir uns aufmachen müssen zu tieferen, neuen Einsichten, zur aktiven Veränderung unserer bisherigen Lebensweise?

Gehindert

Schmal sind der Gedanken Wege
Und tränenzersplittert.
Aufgehalten
Wie vor verschlossenen Türen
Steht das Leben
Mit wartender Sehnsucht.
Verhängt ist der Ausweg . . .
Was tun?
Atme verlangsamt
Deine Enttäuschung
Und den Fluß der Gefühle,
Hemmend umstellt.

Henriette Hardenberg

Individuelle Bedingungen

Lassen Sie mich von einer persönlichen Erfahrung erzählen. Ich hatte ein Schulter- und Halswirbeltrauma letztes Jahr und mußte mich mehrfachen Untersuchungen unterziehen. Ich war schon länger in anthroposophisch-medizinischer Behandlung, aber da die Schmerzursache noch nicht genau diagnostiziert war, halfen die verschiedenen Mittel nicht. Mein anthroposophischer Arzt schickte mich daher zu einer Kernspintomographie. Sie alle wissen vermutlich, was eine Kernspintomographie ist. Ich wußte es zu diesem Zeitpunkt jedoch noch nicht und hatte mir keine weiteren Vorstellungen gemacht.

Ich bekomme also einen Termin und ich gehe in die Praxis. Die Assistentin bittet mich herein nach einer gewissen Wartezeit. Ich komme in den Behandlungsraum: Es ist halb dunkel. Ich bin ganz zuversichtlich, daß mir endlich geholfen werden kann, wenn nun endlich die Ursache für die Schmerzen gefunden wird. Ich bin also sehr hoffnungsvoll. Ich gehe in den Raum und lege mich auf die Liege. Die Assistentin verschwindet, und ich höre ihre Stimme nur noch durch den Lautsprecher: „Wir fahren jetzt!". Ich habe keine Ahnung gehabt, daß meine Liege ein fahrbarer Tisch ist, der plötzlich mit mir in einem Tunnel, in einer Röhre verschwindet. Bitte versetzen Sie sich einen Moment lang in meine Lage: ich verschwinde in einem Tunnel, bin in einer Röhre und es fährt ohne Ankündigung ein Gitter über Mund- und Halsregion. Ich höre innen durch einen Lautsprecher die Stimme der Assistentin: „Wenn Sie es nicht aushalten, drükken Sie den Alarmknopf. Ab jetzt nur noch flach atmen." Eine sehr beengende Situation; ich bin alles andere als entspannt. Dann geht ohne Vorankündigung ein Höllenlärm los: TAK-TAK-TAK-TAK . . .

Das ist zu viel, ich bekomme einen melancholischen Schub und denke: Ist doch klar, wenn ich in die Röhre komme, geht das Ding kaputt. Ich drücke auf den Alarmknopf, werde sofort rausgefahren und springe von dem Tisch. Der Assistentin, die mich natürlich nicht sehr freundlich erwartet, sage ich nur: Ich geh' da erst wieder rein, wenn Sie mir ganz genau erklären, wie diese Höllenmaschine funktioniert. Sie zieht gelassen eine Valiumspritze auf: „Solche Patienten wie Sie haben wir öfter, das kennen wir schon. Die Spritze wird Ihnen helfen." Ich darauf: „Vielen Dank, ich brauche keine Valiumspritze, ich brauche eine Erklärung für das, was da mit mir vorgeht." Die Assistentin hat dann die einzelnen Schritte erklärt, mir die Röhre in ihrem Ausmaß gezeigt – sie ist nicht unendlich lang

– und noch Tips gegeben, wie man diese 28 Minuten am besten durchzählt und durchhält. Es ist dann überhaupt kein Problem mehr gewesen, die Untersuchung auszuhalten.

Warum erzähle ich diese Begebenheit? Mir ist eine seelische Verwundung zugefügt worden, die ich zunächst gar nicht begriffen habe. Ich habe mich selten so gestaut, aggressiv und entwürdigt empfunden wie in diesem Moment, wo ich wie ein Stück Material behandelt worden bin, das zu funktionieren hat, und die Assistentin es nicht einmal für nötig empfand, mir zu erklären, was mit mir geschehen wird. Mein naives Vertrauen, mit dem ich in die Untersuchung gegangen bin, ist tief verletzt worden. Nachträglich bin ich dieser Erfahrung dankbar, denn es wurde mir plötzlich bewußt, daß meine Verletzung kennzeichnend ist für eine Situation, in der die Seele mit ihren Lebensbedingungen nicht beachtet und nur wild behämmert wird.

So müssen sich heute Kinder, Jugendliche und Erwachsene fühlen, die Situationen ausgesetzt sind, in denen ihre Lebensbedingungen nicht beachtet werden, deren Zusammenhänge sie nicht verstehen, weil ihnen nichts erklärt wird, die z.B. rein technischer Natur sind und damit den seelischen Bedingungen des Menschen nicht gerecht werden können. Das sind Situationen, die eine einzige Entmündigung und Verwundung der menschlichen Seele, des menschlichen Ich darstellen. Für diese Erkenntnis, die sich mir ganz plötzlich an diesem Erlebnis ergab, bin ich sehr dankbar. Ich habe seitdem viel Verständnis für Aggressionen, für Depressionen und auch für Ausweichverhalten in alle nur möglichen Suchtformen. Ich kann ganz anders nachempfinden, wie es Menschen in Situationen ergeht, die für sie nicht transparent sind.

Es gibt eine Schlüsselfrage, die wir uns heute zunehmend stellen müssen, wenn wir Verständnis füreinander entwickeln wollen: Wie sind die individuellen Lebensbedingungen des einzelnen Menschen? Heute hat die Menschheit eine entscheidend neue Stufe erreicht im Selbsterleben und im Sozialerleben. Es ist heute zunehmend so, daß wir uns nicht mehr selbstverständlich auf traditionelle Werte und soziale Gemeinschaften abstützen können. Was die Menschen früher trug und miteinander verband, müssen wir uns heute mühsam selbst erringen. Sich an vergangenen Traditionen orientieren, führt heute in der Regel zu einem sozialunverträglichen Verhalten. Denn wir haben in diesem Jahrhundert einen enormen Schritt getan von sozialer Außenbestimmung hin zur Innenbestimmung. Früher gab es bestimmte Sozialformen, die dem Einzelnen Daseinssicherheit gegeben haben. Das ist vorbei. Der Einzelne steht heute auf eigenen Füßen, er muß sich selber die Sozialform schaffen, die er möchte. In dieser Situation entwickeln wir zwei

Tendenzen in unserer Seele. Die eine Tendenz läßt uns immer selbstbezogener und egoistischer werden. Wir reagieren enorm kritisch auf alles um uns herum: auf unsere Mitmenschen in Familie und Beruf, auf die Verhältnisse, die uns zugemutet werden. Wir verhärten in unserem sozialen Verhalten, neigen zu Überempfindlichkeit uns selbst gegenüber und sind gleichzeitig ganz schnell bereit, unsere Umwelt zu verletzen. Man verhärtet, pocht auf das eigene Recht, ist so auf sich fixiert, daß die gesamte Umwelt den eigenen Vorstellungen zu entsprechen hat, sonst reagiert man aggressiv. Die Tendenz auf der anderen Seite ist davon geprägt, daß man kein Selbstvertrauen mehr hat. Typisch dafür ist es, in einer Art Helfersyndrom vollkommen in den Außenaufgaben aufzugehen und die Beheimatung in sich nach und nach zu verlieren. Es ist nur noch wichtig, vollkommen zu erfüllen, was außen verlangt wird. Wenn mein Chef sagt, ich muß jetzt zwölf Stunden arbeiten, tue ich es, denn ich könnte ja sonst den Arbeitsplatz verlieren. Ich gebe Sachzwänge vor, in Wahrheit habe ich jedoch mein eigenes Zentrum nach außen verlagert. Das ist nichts anderes als Arbeitssucht. Die Begegnung mit sich selbst im Innenraum kann dann nicht mehr stattfinden. Diese zwei Tendenzen in uns sind Formen von Verwundungen der menschlichen Seele, die einhergehen mit demjenigen, was ich zu Anfang geschildert habe: daß wir immer ungesünder leben, daß die Zeit eine

Dimension in unserem Leben bekommt, die uns jede Zeit entreißt. Es gibt unendlich viele Menschen, die abends unzufrieden ins Bett gehen und sich sagen: Ich habe wieder nicht alles geschafft, was ich mir vorgenommen habe. Es gibt Menschen, die haben am Nachttisch einen Zettel liegen, und wenn sie schon halb eingeschlafen sind, fällt ihnen ein, was morgen noch erledigt werden muß und schreiben es auf. Das gibt dann eine ganze Latte für den nächsten Tag. Und wieder spielt das Leben einem einen Streich: Man stellt abends deprimiert fest, daß man es wieder nicht geschafft hat. Es gibt natürlich auch Ausnahmen; es gibt Menschen, die schaffen alles, was sie sich vornehmen, aber es gibt immer mehr Menschen, die schaffen eben nicht alles, gehen unzufrieden ins Bett und können ihren Tag nicht befrieden. Es bleibt immer ein Rest übrig, der Unzufriedenheit entstehen läßt und diese Unzufriedenheit schlägt Wunden. Man hat dann für den nächsten Tag nicht mehr genügend Wind unter den Flügeln. Man sagt nicht: „Heute fange ich ganz neu an“, sondern: „Es ist der Rest des Vortages, den ich mitschleife und der mich flügellahm macht.“ Das jedenfalls sind Aussagen, die ich oft in den Lebensberatungssituationen erlebe. „Ich genüge den Verhältnissen und den Anforderungen meiner Umwelt nicht mehr. Ich kann mich zerreißen als Mutter, als Halbtagsbeschäftigte, als Ehefrau, es ist alles nicht genug; ich kann es auch grad sein lassen“. Eine resignative Stimmung macht sich breit, ein Ausgebranntsein, ein Erschöpftsein. Das geht oft mit seelischer Erschöpfung einher und dann irgendwann, ganz leise, schleicht sich ein Verlust an Sinn in die eigene Biographie wie ein Dieb in der Nacht. In der „Sendung Michaels" schildert Rudolf Steiner dezidiert und prägnant, daß diese Situation kennzeichnend ist für unsere Zeit, da bis zur Mitte des Jahrhunderts alle bis dahin tragenden Kräfte erschöpft sein werden. Die physische Kraft wird erschöpft sein, die Traditionskräfte werden erschöpft sein, die Kräfte, die wir aus sozialen Gemeinschaften geschöpft haben, werden erschöpft sein. Und dann werden wir selbst erschöpft sein.

So haben wir um die Jahrhundertmitte in vielerlei Hinsicht eine intensive Wende erlebt. Folgerichtig beginnen zu dieser Zeit Veröffentlichungen, Untersuchungen und Ratgeber zum Burnout-Syndrom – eine Literatur, die heute Tausende von Büchern umfaßt und stetig weiter wächst.

Rudolf Steiner beschreibt, wie wir in der Zukunft nur dann Kraft für unsere Biographie entwickeln können, um die Erschöpfung und Verwundung der eigenen Seele zu überwinden, wenn wir bereit sind, in die Tiefen der eigenen Seele zu steigen und Selbsterkenntnis zu üben. Erst wenn wir in diesem Bemühen um Selbsterkenntnis unsere Ohnmacht entdecken, werden wir erleben: Es gibt noch eine andere Wurzel in mir, die tiefer reicht als das, was bisher an Gemeinschaftsformen und Sozialformen getragen hat. Erst in dem Hinabsteigen in die Tiefen der eigenen Seele kann sich der Mensch eingewurzelt erleben zwischen Himmel und Erde als Erdenbürger und Geistesbürger. Dieses Erlebnis kann ihm Kraft geben für die Zukunft.

„Übrig bleibt, wenn man das in eine Formel bringt, daß dem Menschen nur zwei Weisen seines schöpferischen Verhaltens gegeben sind, und das natürlich in allen Abschattierungen, in jeder Biographie in einer anderen Mischung: Das eine ist das Tun, das andere ist das Erleiden. Beide Schicksale führen die Bereicherung der Welt hinauf, und beide Funktionen garantieren die menschliche Zukunft"

*

„Denn das Leiden ist natürlich ein bestimmer Ton in der Welt. Er ist hörbar. Man sieht ihn wohl auch. Wer sich einmal anstrengt solches wahrzunehmen, der sieht im Leiden ständig eine Quelle der Erneuerung. Es ist eine Quelle von kostbarer Substanz, die das Leiden in die Welt entläßt."

Joseph Beuys

Die Bedeutung der Verwundung für den Lebensalltag

Diese Erkenntnis hat Konsequenzen für den Lebensalltag. Wir lernen daran, daß Verwundungen nicht nur schmerzlich, sondern auch hilfreich sein können. Sie können helfen, uns aus dem bequemen Fahrwasser unserer Alltagsroutine herauszureißen und uns den Tiefen unserer eigenen Seele nahe zu bringen. Verwundungen dienen dazu, selber empfindsamer zu werden und zwar auch für die Verwundungen, die wir anderen Menschen so leicht und unbemerkt zufügen. Das Herabsteigen in die Tiefen der eigenen Seele stellt Rudolf Steiner als notwendig dar für unsere innere geistige Entwicklung. Es bleibt uns somit der Schritt nicht erspart, in die eigene Seele hineinzuschauen. Entweder wir tun es freiwillig durch Selbstschulung (Rudolf Steiner hat hilfreiche Übungen formuliert, um sich an den Verwundungen weiterzuentwickeln) oder aber wir müssen noch mehr Verwundungen und noch mehr Leid erleben – Leiden am Anderen, Leiden an sozialen Verhältnissen, Leiden an Ungerechtigkeiten etc., um dadurch neue Fragen an das Leben und an die Tiefen der eigenen Seele zu stellen.

Es wird heute auf die Initiative jedes einzelnen Menschen ankommen, ob er sich aus der zum Teil auch selbst bereiteten schwierigen Lage befreien möchte oder nicht. Tröstlich dabei ist die Tatsache, daß unser Ich sich auch in der verzweifelsten und deprimierendsten Lage irgendwann einmal melden und nach Heilung und Lebensbejahung rufen wird.

Fragen wir uns: Wie gesund lebe ich eigentlich seelisch und körperlich? Lege ich Wert darauf, daß ich gesunde Nahrungsmittel zu mir nehme bei all den denaturierten Lebensmitteln, die heute angeboten werden? Oder spare ich lieber an der gesunden Ernährung für eine Urlaubsreise in die Karibik? Ich habe nichts gegen Urlaub in der Karibik, das kann wunderschön sein. Aber wo setze ich Prioritäten für Lebensqualität? Daß wir heute eine solche katastrophale Situation für den biologisch-dynamischen Anbau in der Landwirschaft zu beklagen haben, ist nicht das Verschulden der Bauern, sondern es liegt an der Tatsache, daß die Bedürfnisse nach gesunder lebendiger Ernährung sich nicht so durchgesetzt haben, wie es der Erdentwicklung und der menschlichen Entwicklung dienlich wäre.

Eine weitere Frage schließt sich daran an: Wie entspanne ich mich nach zu starker physischer und seelischer Anspannung? Gönne ich mir eine Pause? Tu' ich mir in der Pause auch wirklich etwas Gutes? Aber jetzt nicht in dem Sinne: „Ich bin es mir wert“, sondern mit der inneren Haltung: „Es ist wichtig, daß ich wieder neue Kraft für meine Pflichterfüllung schöpfe. Dafür brauche ich gesunde, entspannende Pausen, in denen die Seele „baumeln“ darf.“

Die Frage der leiblichen und seelischen Gesundheit hat Rudolf Steiner 1918 als eine der ersten Bedingungen für die Selbstschulung formuliert. Das ist eine Schulung, die uns in ein neues Verhältnis zum Leben setzen und unsere Beziehung zum Leben, zu unserem Leib, zu anderen Menschen, zu Konflikten entscheidend verändern kann, so daß wir lernen, körperlich und seelisch gesund zu leben und sozialverträglich zu werden. Im richtigen Augenblick Pausen zu machen, im richtigen Augenblick zu genießen, ist eine soziale Aufgabe. Das ist nur möglich, wenn ich das richtige Verhältnis zu Pflicht und Genuß finde. Es geht bei dieser Bedingung also um die Förderung der geistigen und körperlichen Gesundheit.

Eine zweite Übung betrifft das soziale Miteinander. Sie kann sehr hilfreich sein, das eigene Schicksal zu bewältigen. Wir erleben ja oft, wie sehr der andere Mensch einen verletzt, wie sehr man sich verwundet und alleingelassen fühlt - in einer Trennung, in einer Scheidungssituation, in einer kollegialen Situation, in der ein Kollege einem wirklich Unrecht tut, Rufmord begeht, verleumdet. Das sind Situationen, in denen man sich entweder nur noch wie ein verletztes Tier zurückzieht, sich nur noch verkriechen möchte oder aber den Kampf ansagt: „Nicht mit mir!“ Man baut dann entsprechende Machtpositionen und Rechtfertigungsstrategien auf. Beide Verhalten dienen nicht einer Konfliktbewältigung, beide Formen führen zur Eskalation, statt zur Auflösung. Wirkliche Bewältigung müßte mit der Frage beginnen, warum ausgerechnet mir dieser Konflikt zugemutet wird. Die zweite Bedingung, sich als ein Glied des gesamten Vorganges zu empfinden, gibt Antwort auf diese Frage. Somit gibt es keine mich betreffenden Konfliktsituationen, die nicht mit mir zu tun hätten. Bearbeiten wir unsere Konfliktsituationen jedoch nicht, sondern ziehen uns verwundet zurück, dann schneiden wir uns von der gestellten Schicksalsaufgabe und damit von unserem Leben ab. In dem Augenblick verlieren wir an Lebenskraft, verschließen wir uns unsere eigene Kraftquelle. Von daher ist es nachvollziehbar, daß heute so viele Menschen erschöpft sind, die kleinsten Konflikte nicht mehr ertragen können und bei jeder zusätzlichen Belastung aus dem Gleichgewicht geraten. Wenn wir unserer eigenen individuellen Weiterentwicklung keine Bedeutung mehr zumessen, dann ist es eine ganz natürliche Folge, daß wir keinen Sinn in Konflikten sehen können und uns ihnen gegenüber nur noch als kraftlos empfinden. Erleben wir uns jedoch einverwoben in ein Schicksals- und Beziehungsnetz, das mit unserer Biographie zu tun hat, dann verändert das grundlegend unser Verhältnis zu unseren Mitmenschen, zu unserer Umwelt. Wir werden dann weniger versuchen, den Konflikten mit ihnen auszuweichen, sondern sie vielmehr als Schicksalsaufgabe ansehen; indem wir unsere Konflikte akzeptieren und annehmen, werden wir an der Auseinandersetzung mit ihnen seelisch-geistig reifen können. So ist zu hoffen, daß im Laufe der Zeit unser Bewußtsein für die Bedeutung mitmenschlicher Begegnung wächst.

So kann man das Leben verstehen als ein Übfeld, auf dem die Seele lernt sich weiterzuentwickeln. Diese seelische Reifung gelingt jedoch nur, wenn ich mich betreffen lasse, wenn ich verwundbar bin, wenn ich die Verwundung zulasse, so daß ich dadurch anfange, spirituelle Fragen an die eigene Biographie zu stellen: „Wieso habe ich diesen Konflikt? Was hat das mit mir zu tun? Gehe ich ehrlich damit um?" Wir haben ja meistens ein ganz bestimmtes Bild von uns, das mit Sicherheit selten der Wirklichkeit entspricht. Rudolf Steiner führt aus („Wie kann die Menschheit den Christus wiederfinden", GA 187), daß das soziale Zeitalter heute dadurch gekennzeichnet ist, daß ich mich selbst in meinem Schicksals-Ich nur durch andere Menschen erleben, daß mir mein eigentliches Ich nur durch andere entgegenkommen und gespiegelt werden kann. Mein Schicksals-Ich ist also das, was mir durch andere Menschen entgegenkommt. Wenn der Einzelne und die Gemeinschaft sich gegenseitig tragen, wird Raum geschaffen für menschliche Weiterentwicklung. Erlebe ich mich als Individualität getrennt von allen anderen und mache entsprechende Einsamkeitsprozesse in meinem Leben durch, erkenne ich erst die Bedeutung von Gemeinschaft; erst dann werde ich mich bewußt bemühen, gemeinschaftsfähiger zu werden. Erst wenn wir begreifen, daß wir nicht nur physische Wesen sind, sondern auch geistige, werden wir bereit sein, entsprechende Verantwortung für unser Tun zu übernehmen. Dann werden die Verwundungen, die wir uns und unserer Umwelt zufügen, dazu aufrufen, aus unserer Bequemlichkeit aufzuwachen und unserem Schicksalsauftrag gerecht zu werden. Dann erfüllen unsere seelischen Verwundungen eine wichtige Aufgabe in unserer Zeit , wenn sie uns lehren, Konflikte als Entwicklungshelfer zu verstehen.

Gerade der Mensch, an dem ich verzweifle, der mir nur hinderlich und abstoßend erscheint, ist vielleicht der Mensch, der mir gerade den größten Liebesdienst erweist. Denn durch ihn bin ich gezwungen, meinen Beurteilungsmaßstab zu verändern, wenn ich meine einseitige Verurteilung überwinden will. Auch das wird nicht ohne Verwundung gehen.

Wie positiv und hilfreich sich die Verwundungen, die wir uns und unserer Umwelt zufügen, auch erweisen mögen, unsere Kinder müssen wir vor ihnen so weit wie möglich bewahren, wenn sie eine gesunde Kindheit erleben sollen. Hier liegt ein bedeutendes Aufgabenfeld vor uns, wenn wir uns klar machen, wie viele kleine Kinder bereits verwundet sind, wenn sie eingeschult werden.

Es gibt eine Auswertung, die besagt, daß über 37% der eingeschulten Kinder Allergien haben, 61% in alkohol- und nikotinsüchtigen Elternhäusern aufwachsen, über 60 % unter Schlafstörungen leiden – die Aufzählung ließe sich noch lange fortsetzen. Diese Art von Verwundungen und Entwürdigungen, diese Lebensbedingungen, die Kindern kaum noch ermöglichen, sich auf ihr Erwachsenenleben zu freuen, diese Verwundungen müssen wir versuchen zu bearbeiten und in Zukunft so weit wie möglich abzubauen. Das können wir jedoch nur, wenn wir wach werden für unsere Schicksalsaufgabe auf dieser Erde und uns wieder auf menschliche Werte besinnen. In diesem Sinne möchte ich meine Ausführungen beenden.

Wenn Anthroposophie, „Anthropos“ der Mensch und „Sophia“ die Weisheit, wenn Anthroposophie dazu geeignet ist, den Menschen jeden Tag ein bißchen menschlicher zu machen, dann hat sie ihren Auftrag erfüllt. Es geht nicht nur darum, daß wir Anthroposophie in internen Zirkeln pflegen. Anthroposophie ist vor allem für die Öffentlichkeit da. Sie bietet die Chance, daß Menschen wieder das Bedürfnis nach mehr Menschlichkeit entwickeln in einer entmenschlichenden Gesellschaft, in einer Zeit, in der den Seelen vielfältige Wunden geschlagen werden.

Es ist völlig in Ordnung, daß wir in einem technischen Zeitalter leben, daß wir uns der Technik, auch der Digital- und Kommunikationstechnik, bedienen, daß wir die Computertechnik haben, das Internet - es ist der derzeitige Entwicklungsstand. Auch die virtuelle Technik wird uns große Dienste erweisen. Aber wenn wir uns bewußt machen, daß diese Technik heute zu 85 % eingesetzt wird für Freizeitgestaltung und nur 15 % für berufliche Nutzung, muß uns das nachdenklich machen. Denn diese 85 % Freizeitgestaltung bewirken vor allem eines – eine immense Passivierung. Das ist aber nicht das Problem der Technik, sondern der Menschen, die sie nutzen.

Wollen wir unseren Kindern ein Recht auf Kindheit einräumen in unserer Zeit, die die Kindheit auf so vielfache Weise bedroht, dann müssen wir uns auf allen Ebenen zusammenschließen.

Mit der Begründung der „Alliance for Childhood"* ist der erste Schritt getan. Seit der Begründung 1998 hat sich bereits ein weltweites Netz mit zahlreichen Partnern auf allen Kontinenten entwickelt. Herbst 2000 wird ein erster internationaler Kongreß in Brüssel stattfinden, auf dem alle Partner, u.a. auch zusammen mit der WHO (World Health Organisation),

---

* siehe Anhang

Strategien beraten werden, wie Kindheit weltweit besser geschützt werden kann.

Die zunehmende Verwundbarkeit unserer Seele ist nicht nur ein passiv hinzunehmendes Zeitphänomen. Sie kann uns durch ihr wachmachendes Leiden dazu führen, den Zeiterscheinungen und uns selber immer bewußter zu begegnen. Besonders unsere Kinder sind heute existentiell auf unser waches Bewußtsein angewiesen. Unsere Zeit, die in so vielem aus den Fugen gerät, ruft uns auf zu Verantwortungsbereitschaft und Mitmenschlichkeit. Uns allen wünsche ich, daß unsere Verwundbarkeit, daß unsere Verwundungen uns dafür Helfer werden.

Ich liebe dich, du Seele, die da irrt
im Tal des Lebens nach dem rechten Glücke,
ich liebe dich, die manch ein Wahn verwirrt,
der manch ein Traum zerbrach in Staub und Stücke.

Ich liebe deine armen wunden Schwingen,
die ungestoßen in mir möchten wohnen;
ich möchte dich mit Güte ganz durchdringen,
ich möchte dich in allen Tiefen schonen.

Christian Morgenstern

Literaturverzeichnis

Lusseyran	Jacques	Gegen die Verschmutzung des Ich Verlag Freies Geistesleben, Stuttgart
Fried	Erich	Unverwundenes Wagenbach Verlag, Berlin
Kummer	Karl- Reinhard	Impfungen im Kindesalter Verein f. Anthroposophisches Heilwesen, Bad Liebenzell
Patzlaff	Rainer	fernsehtüchtig oder fernsehsüchtig? Verein f. Anthroposophisches Heilwesen, Bad Liebenzell
Singer	Kurt	Die Würde des Schülers ist antastbar Rowohlt Verlag, Hamburg
Sanders	Barry	Der Verlust der Sprachkultur Fischer Verlag, Frankfurt
Patzlaff	Rainer	Kindheit verstummt Int. Vereinigung d. Waldorfkindergärten, Stuttgart
Hardenberg	Henriette	Südliches Herz Arche Verlag, Zürich
Steiner	Rudolf	Die Sendung Michaels Steiner Verlag, Dornach
Steiner	Rudolf	Wie erlangt man Erkenntnisse der höheren Welten? Steiner Verlag, Dornach
Steiner	Rudolf	Wie kann die Menschheit den Christus wiederfinden? Steiner Verlag, Dornach
Mennekes	Friedhelm	Beuys zu Christus Katholisches Bibelwerk, Stuttgart
Morgenstern	Christian	Gesammelte Werke in einem Band Piper Verlag, München
Glöckler	Michaela	Elternfragen heute Verlag Urachaus, Stuttgart

Allianz für Kindheit

Der Impuls zur Gründung einer Alliance for Childhood ist im Winter 1998/99 von engagierten Menschen aus vielen Bereichen der Pädagogik, Erziehung, Forschung und Sozialarbeit von New York, Stuttgart und London ausgegangen.
Die Initiatoren der Alliance for Childhood wollen durch diesen Zusammenschluß ihre Initiativkraft verstärken und dazu beitragen, Kinder vor Einflüssen und Verhaltensweisen zu schützen, die diese in ihrer Entwicklung beeinträchtigen und schädigen können.

Ziele der Alliance for Childhood:
• Dem Recht auf Kindheit als einem Menschenrecht zum Durchbruch zu verhelfen.
• Eine Pädagogik zu fördern, die sich am Kinde orientiert, in der das "Zeit-haben", die Pflege des Rhythmus und die Förderung von Spiel und vielfältigen Eigentätigkeiten den Kinderalltag bestimmen.
• Den Einfluß von Technik, Computern und elektronischen Medien auf Entwicklung und Verhalten von Kindern zu erforschen und diese Forschungsergebnisse zur praktischen Anwendung zu bringen.
• Auf die Gefahren einer zunehmenden "Vermarktung" von Kindern und Kindheit aufmerksam zu machen und sich für einen am Bedarf orientierten Konsum einzusetzen.
• Die Zusammenarbeit von kindgemäßer Pflege, Erziehung, Medizin und Pädagogik zu fördern und die gewonnenen Erkenntnisse in der Praxis umzusetzen.
• Sich für die wissenschaftliche Erarbeitung eines entwicklungsorientierten, ganzheitlichen Menschenbildes einzusetzen.

Was wird schon getan:
Folgende Projekte werden derzeit von Partnern der Alliance for Childhood geplant oder durchgeführt:

In Deutschland:
• Schriftenreihe: Recht auf Kindheit – ein Menschenrecht.
• Plädoyer für fernseh-freie Zeiten in der Kindheit
In den USA:
• Impact of Computers on Childhood,
• Local Alliance Conferences,
• Home Care for a Healthy Childhood.

Weitere Projekte im Sinne der Ziele der Alliance for Childhood sind in vielen Ländern in Vorbereitung. Die Initiatoren der Alliance for Childhood würden sich freuen, wenn Sie als Partner mitarbeiten und Ihre Initiative mit der Idee der Alliance for Childhood verbinden. Teilen Sie Ihre Projekte einem der Kontaktbüros mit!

So können Sie helfen:
Die Alliance for Childhood verzichtet bewußt darauf, zu den vielen kinderfreundlichen Organisationen noch eine weitere hinzuzufügen.
Die Arbeit für die Alliance for Childhood ist ehrenamtlich und wird von den angeschlossenen Partnerorganisationen selbst getragen. So können die Partner der Alliance for Childhood die Infrastruktur ihrer eigenen Organisationen nutzen, um die mit der Idee der Alliance for Childhood verbundenen Projekte auszuführen. Damit ist sichergestellt, daß alle Zuwendungen und Spenden vollumfänglich den konkreten Projekten zugute kommen.
Die Partner der Alliance for Childhood brauchen Hilfe und Unterstützung durch Sponsoren und Paten zur Realisierung ihrer Projekte.

Jeder kann Partner der Alliance for Childhood werden, der die Ziele der Alliance for Childhood anerkennt oder sich an Projekten zum Schutz der Kindheit beteiligt, - durch Ideen, durch eigene Projekte oder durch eine finanzielle Unterstützung.

So erfahren Sie mehr:
Eine Liste von Projekten können Sie in jedem Kontaktbüro gerne anfordern. Wenden Sie sich an eines der nachstehenden Kontaktbüros:

• Belgien:
Alliance for Childhood c/o Werner Govaerts
Lange Lozanastaat 117
B-2018 Antwerpen

• Deutschland:
Alliance for Childhood c/o Internationale Vereinigung der Waldorfkindergärten e.V.
J. Flinspach/P. Lang/Dr .W. Saßmannshausen
Heubergstraße 18
D-70188 Stuttgart

• Grossbritannien:
Alliance for Childhood c/o Christopher Clouder
Kidbrooke Park
Forest Row PH19 5JA

• Schweden:
Alliance for Childhood c/o Geseke Lundgreen
Dragonvägen 13
S-177675 Järfälla

• Schweiz:
Alliance for Childhood c/o Dr. med. Michaela Glöckler/Hans Herbert Holliger, Medizinische Sektion
CH-4143 Dornach

• USA:
Alliance for Childhood c/o Joan Almon
P.O.Box 444
College Park, MD 20741

In der Gewißheit, daß in der heutigen Zeit nur durch ein weltweites gemeinsames Handeln der notwendige Schutz für Kinder und Kindheit erreicht werden kann, haben an der Begründung der Alliance for Childhood mitgewirkt:
Clara Aerts (B), Joan Almon (USA), Danielle Baleydier (F), Dr. Mailyn Benolt (USA), Heidi Bieler (ES), Jules Brinkmann (NL), Dr. Bettye Caldwell (USA), Christopher Clouder (GB), Colleen Cordes (USA), Cathie Dahlstrom (USA), Louise Ejefors (S), Jürgen Flinspach (D), Virginia Flynn (USA), Freya Jaffke (D), Ruth Garnier (D), Claire Garrison (USA), John Taylor Gatto (USA), Dr. Michaela Glöckler (CH), Nana Göbel (D), Brigitte Goldmann (A), Werner Govaerts (B), Erika Grantham (GB), Helle Heckmann (DK), Walter Hiller (D), Regina Hoeck (RUS), Susan Howard (USA), Joan Jaeckel (USA), Sally Jenkinson (GB), Dr Gerald Karnow (USA), Peter Lang (D), Raija Lautela (SF), Dr. Renate Long (AUS), Geseke Lundgren (S), Veronika Madsen (DK), Lorraine Mai (USA), Jon McAlice (CH), Arline Monks (USA), Lowell Monke (USA), Dr. Kate Moody (USA), Gerd Müller (D), Christine Murphy (USA), Mimi Noorani (USA), Dr. Chloe O'Gara (USA), Dr. Rainer Patzlaff (D), Eldbjörg Paulsen (N), Kim Payne (USA), Luciana Pederiva (I), Karl-Heinz Piepenbrink (D), Dieter Pommerening (D), Bernd Ruf (D), Dr. Barry Sanders (USA), Dr. Bruno Sandkühler (D), Dr. Wolfgang Saßmannshausen (D), Jens-Jürgen Schmidt (D), Tatjana Schneider (ARG), Dr. Douglas Sloan (USA), Steve Talbott (USA), Petra Thal (D), Wolfgang Voegele (D), Felicitas Vogt (D), W. de Vries, R.N. (USA), Jacqueline Walter (CH), Dr. John Young (USA).

Markus Treichler

Krankheiten und Krisen im Lebenslauf

Risiken und Chancen der Identitätsbildung heute

ISBN 3-934104-00-2

Wem nützen Krankheiten; wem helfen Krisen; wer braucht heute noch eine Identität, in Zeiten schneller Veränderungen und oberflächlichen Designs eines postmodern unverbindlichen „Life-style"?
Was passiert dem Menschen im Lauf seines Lebens?
Nach welchen Kriterien treffen wir die großen Entscheidungen im Leben, privat und beruflich; Wie bewältigen wir Krisen, was lernen wir aus Krankheiten?
Und schließlich: Wie bilden wir unsere Identität?
Diesen Fragen geht der Autor in der vorliegenden überarbeiteten und erweiterten Fassung eines „Heidenheimer Vortrages" auf verständliche und einfühlsame Weise nach.

AmThor

Marcus Schneider

Rätsel und Werk Giuseppe Verdis

Eine Schicksalsstudie

ISBN 3-934104-01-0

Der Weg von der Oper zum Drama - mit diesem Satz könnte man den Werdegang von Giuseppe Verdi beschreiben. Aus den Krisen in seiner ersten Lebenshälfte entwickelte er eine einzigartige Psychologie und Charakterisierungskunst in seinen Werken und schaffte eine ganz neue musikalische Sprache.
Im Rahmen der Opernfestspiele Heidenheim wurden in den vergangenen Jahren Verdis Meisterwerke *Otello*, *Nabucco* und *Ein Maskenball* aufgeführt. Die vom Autor hierzu gehaltenen Einführungsvorträge, sowie weitere biographische und musikalische Aspekte aus Verdis Leben werden in dem Buch vertieft.

AmThor

Christa-Johanna
Bub-Jachens

Warum haben wir immer weniger Zeit?

Das Geheimnis der Rhythmen

ISBN 3-934104-02-9

Die Autorin beschreibt das Rätsel der Zeit von verschiedenen Seiten und betrachtet den Zusammenhang irdischer Lebensrhythmen mit kosmischen Sonnen-, Mond- und Sternenrhythmen.

Sie zeigt, welche Gefahren für die Gesundheit in der Schnellebigkeit unserer Zeit liegen, und wie wir ihnen durch eine rhythmusgerechte Lebensweise begegnen können.

Am Thor

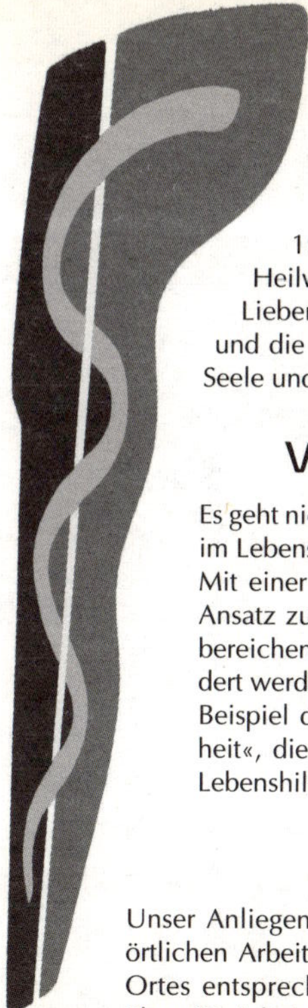

VEREIN FÜR ANTHROPOSOPHISCHES HEILWESEN

1952 wurde von Ärzten und Patienten der Verein für ein erweitertes Heilwesen - heute: Verein für Anthroposophisches Heilwesen - mit Sitz in Bad Liebenzell-Unterlengenhardt gegründet. Ziel war und ist das Bekanntmachen und die Förderung einer Medizin, die den Menschen als eine Einheit von Körper, Seele und Geist anerkennt.

VORBEUGENDE GESUNDHEITSPFLEGE

Es geht nicht nur darum, Krankheiten zu heilen, sondern darum, wie sich der Mensch im Lebensalltag - therapeutisch und medizinisch unterstützt - gesund erhält.
Mit einer intensiven Aufklärungsarbeit versucht der Verein, diesen ganzheitlichen Ansatz zu vermitteln. Durch Vorträge und Seminare zu den verschiedenen Lebensbereichen will er Wege aufzeigen, wie eine vorbeugende Gesundheitspflege gefördert werden kann. Dazu gehört die Herausgabe von Orientierungsschriften wie zum Beispiel die »Beiträge für eine bewußte Lebensführung in Gesundheit und Krankheit«, die Lebensfragen von der Kindheit bis zum Alter behandeln und praktische Lebenshilfe bieten.

AKTIVE MITGLIEDSCHAFT

Unser Anliegen ist es, initiativfreudige Mitglieder darin zu unterstützen, sich zu einer örtlichen Arbeitsgruppe zusammenzuschließen, die den jeweiligen Gegebenheiten ihres Ortes entsprechend Öffentlichkeitsarbeit leisten kann. Dem Verein sind inzwischen über 80 Arbeitsgruppen und Therapeutika angeschlossen sowie mehrere Schwestervereine im Ausland. Die Unterstützung und Betreuung dieser Einrichtungen ist eine seiner wesentlichen Aufgaben.

SELBSTBESTIMMUNG UND THERAPIEFREIHEIT

Ein weiteres Ziel besteht darin, im gesundheitspolitischen Bereich den notwendigen Freiraum für ein allgemeines freiheitliches Gesundheitswesen zu erhalten und zu vergrößern. Die gesetzlich verankerten Rechte auf Selbstbestimmung des Patienten, Therapiefreiheit des Arztes, Vielfalt der Therapierichtungen gilt es heute, gegen vielfache Angriffe von Seiten einer rein naturwissenschaftlich orientierten Medizin zu verteidigen.

Dazu hat der Verein sich mit mehreren Berufsverbänden zusammengetan, um auf die zunehmenden Beschränkungen für die »Besonderen Therapierichtungen« aufmerksam zu machen.

Ein weiteres Ziel umfaßt die Förderung und Unterstützung von anthroposophisch orientierten Initiativen im Gesundheitswesen wie Forschungs- und Ausbildungsstätten, Arbeitsgruppen, Therapeutika und Arztpraxen; dieses wird durch die finanzielle Mithilfe und Spendenfreudigkeit aller Mitglieder und Interessenten ermöglicht.

Die Kraft des Vereins, sich für die Verwirklichung dieser Ziele einzusetzen, hängt von seiner Mitgliederzahl ab. Alle diejenigen, die in einem freiheitlichen Gesundheitswesen und in der Unterstützung und Verbreitung der anthroposophischen Medizin ein wichtiges Anliegen sehen, möchten wir daher dazu aufrufen, dem Verein für Anthroposophisches Heilwesen beizutreten und damit seine Wirkensmöglichkeit zu verstärken!

Kontakt: Verein für Anthroposophisches Heilwesen. Johannes-Kepler-Str. 56, 75378 Bad Liebenzell,
Tel. 07052-9301-0, Fax: 07052-9301-10, E-Mail: verein@heilwesen.de,
Internet: http://www.heilwesen.de

Felicitas Vogt